#@nicaragüita
convocada

SOBREVIVO

Colección de poesía

———————————————————

Poetry Collection

SURVIVE

Palitachi

#@nicaragüita convocada

Nueva York Poetry Press®

Nueva York Poetry Press LLC
128 Madison Avenue, Oficina 2RS
New York, NY 10016, USA
Teléfono: +1(929)354-7778
nuevayork.poetrypress@gmail.com
www.nuevayorkpoetrypress.com

#@nicaragüita convocada
© 2018 María Palitachi
Palitachi@gmail.com

ISBN-13: 978-1-7320736-7-8
ISBN-10: 1-7320736-7-8

© Colección *Sobrevivo* vol. 1
Homenaje a Claribel Alegría

© Comentarios:
Luis Alberto Ambroggio
Kary Cerda
Eduardo Gautreau De Windt
Ana Luisa Martínez
Francisco (Pachín) Ramírez

© Edición y concepto de colección:
Marisa Russo

© Diseño de colección y cubierta:
William Velásquez Vásquez

© Fotografía de portada:
Adobe Stock License 44364717

Impreso en los Estados Unidos de América

A los que pusieron su cuerpo,
a los niños huérfanos de Nicaragua,
a las madres del 30 de mayo,
a los estudiantes del movimiento 19 de abril
que no pudieron quedarse callados
y
a ti que me lees,
para que la historia nunca se repita.

Gracias infinitas

Pachín
Ana
Luis Alberto
Kary
Eduardo
y
Marisa.

Por la palabra existimos

Ay, Nicaragua, Nicaragüita...

María Palitachi encarna en sus palabras de este poemario *#@nicaragüita convocada* (eco de la tierna canción de los Mejía Godoy), la vida de la hermosa tierra hospitalaria, ahora sufriendo muertes, falta de paz y la incertidumbre de un futuro sociopolítico peligroso. La poeta se solidariza con estos sentimientos a lo largo de sus 47 poemas, en compañía de las grandes voces del pueblo nicaragüense como son Gioconda Belli, Claribel Alegría, Ernesto Cardenal y de la mano del axioma de Rubén Darío de que "ser sincero es ser potente", de Simone de Beauvoir y otros, en sus ideales de libertad, democracia y libre expresión. Tocan el alma los acontecimientos que provocan estos versos con oportunos y abundantes referentes históricos, geográficos, periodísticos, dentro de una estructura de expresión poética que nos hace temblar por compartir la desgracia de las familias y sus chavalos asesinados, seres queridos, lugares apreciados, ideales, todos en peligro. Pero después de lo que fue y es, nos sostenemos con el deseo, la ilusión de que en esta tierra amada crecerán nuevas raíces y vidas de paz, de progreso, de bienestar comunitario, como lo proclama esta dinámica poeta y antologadora neoyorquina-dominicana aquí en sus textos.

Luis Alberto Ambroggio
Academia Norteamericana de la Lengua Española
30 de junio de 2018

Momentos irreparables

La violencia provoca dolores históricos que contaminan más allá de las fronteras y ha demostrado su absoluta incapacidad para resolver conflictos y desigualdades. Pero es el gran negocio de los que venden armas y controlan, económica y socialmente, grandes regiones de nuestra América y del planeta. De ahí la popularidad histórica de la guerra, provocada por sistemas anclados en el ejercicio del poder económico por encima del bienestar social y la posibilidad de desarrollarnos como iguales, dignos y valiosos.

Acallar las diferencias por medio de la fuerza, deja imborrables heridas en los pueblos. Sin embargo, contra toda lógica, también desencadena una suerte de reflejo en el inconsciente colectivo, una repetición automática de la violencia como único recurso, como si fuera imposible una manera constructiva de resolver los conflictos internos de un país, de una comunidad o de una familia.

A través de los versos de María Palitachi en, *#@nicaragüita convocada*, recorremos las calles de un país con la estructura rota, que enfrenta a sus hijos y manifiesta diferencias inclementes.

Versos adoloridos nombran angustias propias y ajenas. Miedos innombrables levantan su furor destemplando el amanecer de una inteligencia tolerante y conciliadora.

Nicaragua sufre abiertamente y los versos de María describen la inmundicia que nutre injusticia, rabia, desencuentro, ceguera y valentía. Momentos irreparables donde la vida cesa y las consecuencias, aunque funestas, no so suficientes para impedir represalias y masacres. Los compatriotas se agreden sin escuchar lo que importa y los reúne.

A pesar de la confusión y el desconcierto ante lo que acontece hoy en Nicaragua, estos poemas tienen el valor de denunciar hechos que no pueden ser silenciados, nos hacen tomar conciencia, ya que lo que no se nombra ni se cuestiona, se olvida y se repite.

María Palitachi nos ofrece la oportunidad de impedir la banalización de la guerra y dejar de llamarla valentía o patriotismo. Nos impele a preguntarnos si los que disparan sólo cumplen con su deber o son tan cómplices y desalmados como los que giran órdenes. Pero sobre todo, nos enfrenta al profundo dolor que nos causan las balas disparadas contra nuestros hermanos en Nicaragua.

Kary Cerda
Poeta mexicana
Julio de 2018

Bitácora de otra guerra

El poeta pretende ser eterno, trascender los linderos del tiempo y las fronteras, el poeta pretende ser ciudadano del Mundo. Ningún dolor le es ajeno, no se lo permite su sensibilidad.

Palitachi es una viajera incansable, aspira a ser ciudadana del Mundo, aunque es de aquí… y de allá, pues vive en tránsito.

en tránsito he pasado puertos mientras
la guerra de los mundos altera la historia
como una cinta de auto destrucción

María vive de la palabra, como toda poeta. Se nutre de lo cotidiano. Ahora, como Celaya, utiliza su palabra como arma de denuncia. Y recorre el mismo camino de los poeta españoles que cantaron el horror de su Guerra Civil, como el inmenso Miguel Hernández, o el dominicano René del Risco, y los nicaragüenses, Ernesto Cardenal; como tantos, antes y después. Las guerras han sido motivo de cantos y poemas, al margen del dolor y la destrucción que causan.

Ahora, Palitachi deambula por la cotidianidad de Mesoamérica, y se enclava en la desgarrada Nicaragua que se desangra en una solapada guerra de poder.

Nica estas cansada
de balas erróneas, cuerpos agonizantes
saqueada de tragar el silencio de tus muertos.
Tu tierra teñida de dolor y de una bandera que a
pesar de todo baila al compás del aire

Palitachi nos relata que las calles son senderos desiertos, son senderos de guerra, son sendas para la muerte, nos nombra, como si los conociera, a los muertos, jóvenes que han derramado su sangre por lo que creen. Hace suya una patria que no es suya, mas que no le es ajena, por ser latinoamericana, por ser poeta y, se me antoja, que más aún, por ser tierra de poetas ancestrales, cuna de festivales, y, de manera precisa patria de Cardenal, de Darío, de Gioconda Belli, de Coronel Ultrecho, en fin, de tantos amigos suyos, hermanados por la poesía el café y el vino, por las noches a la intemperie, al son de las guitarras, y por el polvo de los caminos recorridos, por puertos y aeropuertos, por el dolor y el miedo, por el canto y la risa. Y por último, en la Guerra de Nicaragua, sé que María, ve los recuerdos de otra guerra que vivió, en un abril que no se olvida, hace más de media centuria… en 1965.

Es que María usa su dolor, sus nostalgias, sus vivencias, que le acompañan en su peregrinar por este Mundo, y que luego llevará a cuesta por todo el Universo.

Ojalá, que así como perduran los cantos de Cardenal a aquella gesta, los cantos de los García Godoy, por aquellos combatientes, por los hombres y mujeres que cayeron luchando por aquella libertad, perdure por lo menos un fragmento de esta Nica de Palitachi, como parte de la memoria de esta misma Nicaragua de hoy. Mientras tanto, para no seguir escuchando las metralletas y los golpes de los cuerpos jóvenes de hoy que caen en las calles de Managua, ahogo en mi garganta la bella canción:

Ay, Nicaragua, Nicaragüita
La flor más linda de mi querer
Abonada con la bendita Nicaragüita
Sangre de Diriangén.

Eduardo Gautreau De Windt
Santo Domingo, República Dominicana
30 de junio de 2018

Fusión y continuidad en
#@nicaragüita convocada

En *#@nicaragüita convocada* encontramos una realidad parlante. La poeta María Palitachi se vacía de sí, para metamorfosearse en otros personajes con una facilidad sorprendente. El yo onírico es «... /*el campesino que aro la tierra*/.../ [acumulando]... *solo los córdobas de la última cosecha*». Esta obra es una brecha por la que brotan, crecen y pueblan rayos de esperanza, que encienden las oscuras páginas de la historia de los encuentros a la fuerza. Palitachi tiene la magia de apreciar, acariciar y rasgar las realidades de una Nicaragua afligida en las que «... *las isletas se cocina un aguacero/ que seca su entorno*» termina colmando sus impresiones con un lenguaje liberador.

Continuidad en fusión con la magnificencia que reside en la palabra, es la respuesta que nos ofrece la autora en estos versos: «*Ahora ven conmigo, escribe un par de versos/para sacar lo que queda/antes de que nos vuelen el paragua.* De ahí la sensación que tiene el lector de estar ante una afirmación de la voz onírica que apuesta por que el polvo diminuto no se vuelva piedra. *#@nicaragüita convocada* no sólo es un retrato testimoniar de la tribulación de un pueblo, sino también el cuerpo y las huellas de un hilvanaje entre la poesía y las etiquetas (*hashtags*) utilizadas en las redes sociales. Una poética que apuesta a que las heridas del silencio nos abran paso hacia el encuentro con lo bello, que la alegría de estar en el ahora no perezca en los movimientos bruscos. Es en la quietud resonante de la voz poética en *#@nicaragüita* que se besan el quebranto y el amparo.

Ana Luisa Martínez
New York, New york
29 de junio de 2018

Acerca de #@nicaragüita

Desgarro poético o llanto visceral universal, es el discurso que asume María Palitachi en estos versos de manera magistral y contundente sobre las realidades de un mundo desolado por la violencia, la muerte de inocentes, la desaparición de personas, la destrucción de familias, madres que ya no son madres, sangres derramadas. Desde la dedicatoria, nos anuncia los estremecedores relatos de:

> *los que pusieron su cuerpo,*
> *a los niños huérfanos de Nicaragua,*
> *a las madres del 30 de mayo,*
> *a los estudiantes del movimiento 19 de abril*
> *que no pudieron quedarse callados…*

Nos pasea por historias de pérdidas, de violencia, de morteros, de balas, de muerte… de todo aquello que nos aleja de la *libertad* en sentido beauvoireano. Pareciera que ya no se quiere la libertad de los demás. Que el ser humano contemporáneo, egocéntrico por naturaleza, aspira solo a esclavizar a los demás, convirtiéndose en esclavo servilista de sí mismo. Desde ahí derrumbas estas acciones deplorables: denuncias, cantas, predicas con una libertad inalienable sobre el sufrimiento de un niño en Siria o en Palestina; rasgas el velo del dolor de los niños de Masaya o León.

> *Si eres un bebe de Siria, un niño de Palestina*
> *o de Gaza nunca fuiste niño*

tampoco lo fuiste hoy en Masaya ni en León
si el centro de la madre tierra te dejó vivir;
si tu padre se atrevió a cruzar la frontera
y sobrevivieron

Pero no solo la pérdida de vidas humanas te conmueve, te estremecen la perdida de los lugares, los edificios, las casas, de aquellos espacios declarados incluso patrimonio inmaterial de la humanidad, riquezas guardadas con celo por ser los testigos del paso de pueblos, de gentes que dejaron huellas de valor universal, profanadas como esa calle:

en León cerca de esa ventana ametrallaron
a un niño y a su madre
[…]
¿y si el padre de las letras estuviera vivo?
¿que hiciera el desde su ventana con sus versos?

No solo producen sal sobre tus mejillas las lágrimas impotentes, también las saboreamos los que entendemos el dolor y la impotencia con que han sido cincelados sobre el papel, letra a letra, palabra a palabra, verso a verso… si fueran balas…son balas también, dirigidas a este mundo sordo que se arrebata con un mundial de futbol en Rusia mientras se riega la sangre inocente en otros lugares! Nos devuelve la fe, María, recordando a Lorca y a un Darío componiendo versos por entrega desde su ventana:

grafiteros miran el suelo manchado
y se detienen en la casa de Darío

donde regalaba versos para los enamorados

¡ Ay, cómo dueles, Nicaragua!

Ing. Francisco (Pachín) Ramírez
Presidente
Casa Dominicana Puerto Rico
1 de julio de 2018

Ser libre es querer la libertad de los demás.
Simeone de Beauvoir

I

19 y 20 de abril,
30 de mayo, 14 de junio y...

Pandillero

pandillero
asaltas a los tuyos,

los córdobas del sabotaje
que ofrecen los corruptos

no te alcanzarán para cruzar la frontera
y mucho menos para cubrir tu conciencia

pandillero
se te olvida el espejo,
derrites tu misma cara,
     mira que es la del primo de tu vecino,
     el maje con el que aprendiste a chupar

el reflejo dice
     bautizados en la misma catedral

pandillero
no reconoces al que vuelas en la esquina,
ni al hermano de la chavala que cortejabas en cuarto grado

pandillero
     quedás huérfano
       y no te das cuenta

Engaño

la muerte habla,
ellos con su inocencia sonríen
        hasta perder el aliento

la calle retiene
        el eco de sus pisadas

Eco de la voz

Me salgo del sueño, despierto en los senderos que fueron calles pobladas donde jugué de niño. Despierto en un túnel oscuro. Están matando a mi desarmado pueblo. Veo torturas y una luz. Sé que aún duermo. No puedo salir de la pesadilla.

Creo ser un guardabarranco que avisa cuando asoman los enmascarados. Veo balas pasar, las esquivo, me siento flotar. A los compañeros les grito 'que se vayan', no me escuchan. Cada muerto es una lágrima y un grito de fuerza. Ahora siento que las balas descosen mi piel.

La luz, cada vez más intensa, algo me hala. No quiero abandonarlos, necesitan ayuda. Tengo deseos de ir al baño. Siento frío, la sábana no alcanza. No puedo despertar. El humo no deja ver. Pasa un rayo de Gioconda: *La solidaridad es la ternura de los pueblos.*

Compañeros, compas. ¡Por ahí no! Mi voz se debilita. ¡Cuidado! No escuchan. ¿Dónde está mi madre? Me alejan. ¿Hacía a dónde voy?

Me llamaban, Alvarito.

Chavalos

los niños no pueden jugar en las calles,
sus sonrisas son una mueca
de espanto

tienen clavado en las pupilas
un largometraje de horror

Están ciegos

delincuentes nefastos
enterrados debajo de la otra montaña

marginales saquean y queman
patrimonios y espacios culturales

huella de dolor, la destrucción los revuelca
y no en la cama

un llanto de morteros les recuerda
que no fue un sueño

Ciegos los dos

en Nicaragua no duermen,
escucho que tiemblan,
siento pisadas galopar

más rápido que un caballo
el sudor humedece la tierra
se vuelca en un charco sangriento

el corazón acelerado el alma se suelta libre

los espantos salen de la almohada
como fantasmas

para no olvidar aprendí a nombrarlos:
Julio Gaitán, Álvaro Conrado, Orlando Córdobas,
Ángel Reyes, Jesner Rivas, Carlos Rivas, José Amador,
Richard Pavón, Franklin Reyes, José Maltes,

viro la cabeza y el ruido de los nombres
continúa cayendo en mí

el pecho se acelera

Sandor Domas, Elías Josué, Abraham Castro, Cesar Vega
López, Nitzin Hackins, Giovany López, Dary Elis Velázquez,
Manuel Salvador López, Alberto Jiménez, Alberto Herrera,
el niño Teyler y el bebé de cinco meses, Matías Velázquez y
los que se quedaron enjaulados en los vientres

la iglesia tiende la mano, los acusan, los secuestran
y se atreven a matar uno,
la sal tatuada en las mejillas no me deja continuar

el camino de los muertos está cansado

Paz a sus restos

Madre de todos los días

te pisotean,
secuestran a tu hijo

te roban el derecho a la felicidad
    de ver a tus crías subir con orgullo,
    de replantar sus semillas y hacerte abuela

hoy tus paredes no recuerdan sus olores,
ni las carcajadas debajo de la mata
de banano del vecino

en tu día durante una pacifica marcha
lo arrebataron de ti

madre sin hora
llevas al sobrino de la mano
por una barquilla de mantecado y recuerdas

también llevabas a tu hijo
después de un recorte de pelo

tiras una lágrima
finges gripe

los sueños quebrados
en la oscura salida

las madres no pierden la fe

luchan, no se dejan vencer

llegan a la iglesia se arrodillan y prenden una vela
piden se ilumine el camino del hijo arrebatado
a destiempo

de cerca se despega
y sin perder la naturaleza se reconecta
como la cola en las paredes

el marido esconde las penas
detrás del guaro
y las pailas quebradas

la acompaña
los dos se lamentan apretados

    al final del túnel aparece otra realidad
    el cuerpo de Lorca tampoco se sabe donde esta

Regresa

¿porque tardas hija?

es hora de amamantar a tu chavalito
desde ayer está desesperado

cuidado en el cruce
hay franco tiradores

el recuerdo tatuado en las avenidas duele

a los niños los marca la muerte de sus padres

duele respirar dentro de esta manada de adeptos
con el temor de ir al hospital

¿por qué no llegas?

Ausencias

se cortó la línea del celular

vi ausencias en el parque

los chavalos no se despidieron,
dejaron el adiós en la sombra

la muerte no sabe
que algunos de sus muertos
iban a ser padres

es julio y aún se siente el invierno
la melodía de las flores ha cesado,
las que quedan caminan en la brisa
del cementerio

El gato

se salvó

corrió del espanto

en un mes se devuelve
a enterrar sus heces
y se enreda con el pelo de un cadáver

la gata parió seis gaticos,
Óscar Pabón y su familia no lo saben

tampoco se enteró que a su familia
la hicieron cenizas

hoy sus almas desandan en el humo
de los colchones hacia la loma,
desierta del campesino y su orquesta

Última parada

I

desde las escombros que aún no aterrizan
se avecina el último refugio

compartí el trago de la soledad
cuando los latidos de partida
no sonaban con el Tululu

la morgue del pueblo
repleta de cuerpos
con sábanas blancas

II

un extraño en mí sofoca la palabra

desempolvo la memoria

de pronto todo es invisible
            el país en que hoy vivo
            es otra cosa
            está roto
preñado de necesidades sin salida

la última parada del Tica Bus dice:
aquí habitan cadáveres no identificados

leo un epitafio en el bálsamo de la caverna
la marea sube, baja

      yo solo siento
      sin la palabra

la grama se alimenta de mis huesos

el alma con la que me despido
ya no es mía

Camino en dolor

intento fabricar el olvido
escucho carcajadas

te veo en los desconocidos
y en los rostros ausentes del pueblo
que te nombra ciudadano
en la ciudad que golpea,
del país que hoy se autodestruye

hoy se apropian los rostros extraños
de tu voz

¿dónde está la toalla para secar este nudo?

Convocan

los videos y noticias censuradas

a un periodista aporreado
le roban sus instrumentos
y en Bluefields se roban la vida
del corresponsal Ángel Gahona

al ex combatiente contra Somoza
Álvaro Gómez le matan su chavalito en Masaya
el próximo mes a el secuestran

se recicla el vómito de hace veinte años

(Des)vivo

empuño el lápiz
y por el temor,
olvido

lo clavo en el papel sordo

ese que siente
la porosidad de mi latido

en este instante
(des)vivo

Made in China

Nicaragua
quetzal de Centro América

en el seno del desierto
un *playlist* de morteros daña la noche

mientras la ley del canal arruina sueños
y la cosecha de recursos minerales

el pronosticó del tiempo indica
que del Este al Oeste un veinte porciento será chino

Nicaragua te despueblan en una agenda escondida,
los gringos a lo lejos negociaron el territorio
por lo profundo de tus agua pasará un *speed train*
cortando del Caribe al norte y Europa

la construcción del canal
no será un intruso
de la nueva economía

en las isletas se cocina un aguacero
que seca su entorno

Masaya

Masaya mía,
> aves de acero
> te rocían desde lo alto
> no es agua
> tampoco es mana

Masaya
> pueblo aguerrido
> te auto secuestras para salvar a tu gente
> como lo hizo Somoza con las armas
> conseguidas por las prostitutas
> en el puerto
> donde pisaban los gringos

mientras testaferros
arropan los córdobas del pueblo
el bosque se desploma

Relámpago

el trueno estruja el espacio
y arrastra su miedo

el entorno de los videos cose
a los estudiantes heridos
censura a los que sanan

ellos cuentan la esperanza de estar presos

los muertos -ya son muchos-

desde la memoria de un campo
de concentración,
      por si las moscas
      se clavan en el ante brazo
          sus nombres
          y el número de teléfono

Abril

abril asfixiante,
cansado de estar en silencio
explota peor que el volcán de Fuego en Guatemala

el Xolotlán desolado queda en la noche
con las redes bajo control

el pueblo aturdido
busca revelarse
con una marcha pacífica

un árbol de la vida
aterriza en la cabeza
de un periodista guatemalteco

declarado accidente

Estremece

las notas de Cardenal
son un cafetal desnudo

la primera copa
        se desliza
        se deja caer
el aroma inunda el cuerpo
        todos me miran la punta de la lengua

la tristeza se esconde de la calle
        de los atardeceres de Estelí
        y las memorias que reaparecen en la cama

la lluvia deshace sus huellas
en el hombre que corta el madroño

Éxodos

secuelas y tranques desvanecen el paisaje

los *clicks* de las cámaras
no tienen la escena de los turistas
antes del 19 de abril

la pista del despegue ocupada
como perro que acecha a su presa

ni las hojas se mueven
están marchitas como la hojarasca
debajo de las llantas vacías del Tica Bus

hierve la nación en centros de tortura
con los córdobas del pueblo
compran antimotines

un padre en Coyotepe
no tiene quien le pase la hostia
el vino es la sangre de un monaguillo

¿A cuál fuente irán los pandilleros
a lavar las manchas de sus botas?

Tríptico del príncipe

De Darío a la onceava musa

Poeta querida:

    ¿Sabés cuanto sufre mi patria? No consigo barca de regreso para abrazarte. Tú que estás allá ayuda a cuidar mis manuscritos y lo que cargas en el vientre.

    Mientras los peces copulan, espero que la luna alumbre el regreso.

    Tuyo.

De la onceava musa a Rubén

Me está prohibido hablar con otro que no sea yo
Nazim Kitmek

Rubén:

Si supieras que sufro con vos al enemigo que vive y come dentro de la misma rima. De esto no dejaste nada escrito. ¿Dónde están las notas de la reunión relámpago con José Martí donde predicaste la paz? He remado por todos tus armarios y lo único que encuentro son poemas de otros sin esperanza.

En el fondo de un baúl hallé uno mío escondido junto a un pañuelo que aún conserva tu perfume.

Traé los resultados del Norte.

Los cuerpos caen como mangos y no es temporada. Voy al Salvador. Allá me encontrarás con la cría.

No dilates.

Tuya siempre.

Ojos sin Rubén

los ojos como Karaoke

grafiteros miran el suelo manchado
y se detienen en la casa de Darío
donde regalaba versos a los enamorados

en León cerca de esa ventana
ametrallaron a un niño y a su madre

el padre pide justica
y a él también se lo vuelan

ojos de amor
en una ciudad que no pudo
en ese ayer
imaginarse

la dignidad se rompió de una sorda ráfaga

¿y si el padre de las letras estuviera vivo?
¿qué haría él desde su ventana con sus versos?

II

Destierro

Cercado

mientras más nos alejamos,
más cerca están

un niño en brazos
no entiende por qué le arrancan a su padre que corre

lo secuestran en un ave de acero

el padre se ve en otro destino

el niño crece
la pesadilla lo persigue

treinta años después se casa y se va a vivir a Nica.
siente un olor familiar

la vida y sus enigmas

Hilachas

los chavalos caen
sin poder llenar la maleta de sueños
con la abuelita debajo del árbol

hacen promesas a sus madres
y a sus hermanitos
ellos
caen en manos de los tentáculos
y desaparecen

en los ojos de los vecinos
familias se aferran al eco de sueños

en el álbum de foto que resguardan
contra el pecho, ven la cruz
reencarnar cada mañana

el sonido de una pisada a lo lejos
va sin cuerpo

El libre albedrío

hoy es otra pesadilla,
los heridos están amontonados
      en un pozo como alimañas

      robos
      saqueos
`   escasez

un joven pierde un ojo
      intenta encontrarlo

otra noche de gemidos

en los hospitales no hay gazas
      ni jeringuillas para tantos heridos

las mentes vagan
se exilian en el infierno

en ciudad Sandino de un *click* en la frente
un poli se llevo a Carlos Bonilla López

      el soltó el lápiz y cayó en otra noche

Destierro

continua el engaño

he vivido muchos aeropuertos
sin ser notada por pilotos
capitán de flotas
coyotes y gatopardo

en ruta he visto
a los falsos profetas correr
nauseabundos entre Rusia, Asaad
Nicaragua y México

he visto por la correa del equipaje
a un Tomahawk salir y morder la tierra

vi las máscaras
galopar en las calles por un túnel
buscando niños para salvarlos
y después acorralar sus cuerpos

he visto consumirle tiempo
al miedo de mataderos intercontinentales

he pasado puertos mientras
la guerra de los mundos altera la historia
como una cinta de auto destrucción

no estoy en tránsito por ningún aeropuerto

para ser mordida por bestias
después de ser explotada
por salvajes extranjeros

llega el tiempo de don nadie

no hay escalas

regreso por el mar a ruinas de edificios
a un felino detrás de un perro

a los residuos del gueto

entre escombros,
        rescato hojas de un libro
en la memoria,
        aún suena la rocola

en esta ruta sin salida
me siento más engañada
que en un santuario

sentada en una montaña de baldosas
las lágrimas me desviven de los encapuchados

encontré unos córdobas
para pan, o el tren
los rieles desde Chinandega
dejaron de existir
nos engañan,
nos engañan de nuevo,

no hay dónde anunciar a los desaparecidos

las estaciones de radios quemadas
celulares arrebatados,
el periódico censurado

he vivido mejores domingos

no hay filas para la ostia
ni bancos para el padre nuestro

III

Engañados

Me han robado

I

me robaron el mundo en que nací
me estafan esta hora y la de mis ayeres

de la almohada, me robaron los dientes
dejaron huellas de destrucción y celos de odio
en una humanidad rota como el cristal
de la copa sagrada

me robaron la niña que parió mi madre
refugiada en la inocencia
usurparon los juguetes de la mente
cambiaron el timbre del heladero
por el sonido de coche bomba
donde (de pronto) un treinta de mayo
nos sueltan de la vida

no volveré a nacer
hasta que crezcan las flores
que arrancaron de mi último entierro
en Estelí

II

los estafadores no conocen el diván
ni la poesía negra

si eres un bebé de Siria, un niño de Palestina
o de Gaza nunca fuiste niño
            tampoco lo fuiste hoy en Masaya ni en León
            si el centro de la madre tierra te dejó vivir;
si tu padre se atrevió a cruzar la frontera
y sobrevivieron

hoy te arrancaron de su mano
para enjaularte
en lo que siguen apretando el acero
sin repartir suerte

            pero si eres un niño americano
            aún cuando viejo, sigues siendo niño

ahora ven conmigo, escribe un par de versos
para sacar lo que queda
antes de que nos vuelen el paragua
en un día sin lluvia

Plagio

me plagio los sueños
mientras medito el vacío
a la espera de un cambio

me plagio para sentir que
una vez pude ser la dueña
de una realidad alcanzable

en esta sociedad,
la industria engendra
esclavos a las etiquetas

arrastran la pobreza a los pueblos,
violan el derecho
      de vivir
      de sonreír

me plagio en el kétchup
de los perros calientes

en las avellanas
que le tiran a las ardillas,
en las pesuñas de las aves migratorias

porque no hay nada que buscar
entre crecientes corruptos
los parimos sin darnos cuenta
desde el centro de Nicaragua

hasta el pozo de Kola

ellos con zapatos de charol
puntas de hierro y corbata prestada
            desgarran sueños
            y contaminan la esperanza

mi sueño lleno de cayos
es algo que no podrán
exterminar

aunque afilen el machete
un sin número de veces
y extraigan la riqueza del banano
o se roben la madera

me plagio, me plagio

y me plagio
porque el pueblo debe ser una rosa
y no la espina que dejan
cuando adornan los espacios
entre salas y banquetes
como la cena de Platón
o el beso de Judas

IV

Pesadilla

Tres que salvaron a Petronila

la sombra trae muertos
la bandera inclinada,
y el dolor crucifica

en medio de la travesía de balas
desfilan hacia la muerte

falsa es la esperanza
y la historia, aún, más

votos de silencio desahogan la ira,
el aroma sabe a lágrimas

Chayo-palo

derriten el hierro,
      la cábala
      diez capítulos
      y veintidós senderos se apagan

en la avenida Bolívar
saquean la luz de los árboles

sin un salvo conducto
una nueva masa
se revela sin brújula

la tumba de Sandino es Nica.
la de Ortega, ya se sabe,
      busco el GPS
      ¿dónde quedará la de Somoza?

las líneas de Nazca son su soga invisible

Tranques

por doquier
turbas ortemurillistas

encarcelamiento masivo,
          no callan a los sueltos

en Las Segovias quedan
historias atrapadas
que se cuentan solas

se suman muertos secuestros y desaparecidos,
entre ellos un par de poetas

un baile derrumba las paredes

existe una borrachera y no es de guaro
ni de Flor de Caña
tampoco es de Doña Victoria

es una nube de parásitos,
                    de polillas

la democracia
por el corredor de lo incierto,
quedó secuestrada

Nicaragua estás cansada

de balas erróneas, cuerpos que agonizan
saqueada de tragar el silencio de tus muertos

tu tierra teñida del dolor de una bandera
que a pesar de todo baila al compas del aire
y resguarda en el recuerdo su libertad

Nica estás cansada del miedo,
acumulas poca esperanza y mucha angustia

los chavalos desaparecidos y silenciados
injustamente entre las rejas del temor

cansada del olor a ruidos
de un pueblo que tres décadas atrás envejeció
este mismo calvario

y de un reloj que no avanza para salir
del malestar ya vivido

Patria

la de todos,
la del padre de las letras
fue secuestrada

el aeropuerto paralizado
los arpones cubanos
llegan sin saber de la otra agenda

las balas fabricadas
por prisioneros que no saben leer
traen nombres equivocados

los camiones blindados llegaron volando
en la ausencia del sol
dicen que salieron de Venezuela

patria
si vieras la mansión que tiene en España
el que se hace llamar comandante,
está decorada con baldosas italianas

si vieras como su media naranja
se cubre la piel

culpa al ocultismo

bueno eso dicen
y yo,

el campesino que aró la tierra
cortando el banano por medio siglo
solo tengo los córdobas
de la última cosecha

El Chipote

lleva y trae historias dantescas
esas del corte de corbata y chaleco
ojalá no las repitan

en junio copiaron las de manicure con alicate

los títeres depilan con torturas
el gallo canta
le retuercen el cuello

la señal
desde Managua

Telón

I

serenata del silencio

migraciones forzadas
de un Kosovo desaparecido

una Armenia de niños huérfanos
una frontera que los arrebata de las manos
y una Nicaragua como el queso suizo

el malestar encapsulado del Pacífico al Atlántico
maquilla barricadas en Tsunamis

los residuos de los huesos
                              enjaulados en volcanes espantan,
la selva desde Estelí sostiene quimeras

II

otra noche ronda en afonía

una compra venta sin monedas
desde aquel purgante del lago Xolotlán,
una hemorragia ahoga las mejillas de criaturas sin culpa

las cloacas tapadas

el agua no se niega

brilla el deseo
de los chocos Americanos

se avecina un circo de Cuba
otro avión de Venezuela

los malabares se repiten
            desde la falsedad de los caudillos

la cinta de largometraje se ha roto
tragamos su veneno con dolor

nos exterminan
disfrazan la paz
            en un patrón de violencia
            en el invento de estar perdidos

en la costa de Bluefields
cambiaron la libertad por espejitos

nos inyectaron ojos azules con pelo lacio
            desnudaron la alegría de nuestras etnias

en el telón de un negocio
las migajas de comidas navegan lentamente
desde Asia se aproxima
un canal que las isletas no desean

creerán que existimos

> en un lugar prestado
> en un Ave María
> en un credo
> en la ignorancia del Twitter
> en un *home run* de Pokemones

Cabalga tu conciencia

en el linaje inocente,
manchas las botas
desde Bluefields sin el palo de mayo

duermo despierta,
cruzo La Rama
entre bóvedas cuerpos y niños incinerados

esta ruta sabe a hiel

el rondón huele a pólvora
su pez está tenso

la marea asustada
no se deja tocar
restan los del otro lado del río

Cabalgué

sin partir te extraño

mutaste a lo impensable

reescribir la historia
        es de patriotas
abandonarte
        es de cobardes

volvamos al Tululu
y los raspados de Loly

el palo de mayo,
        queda a la espera
        de tu cintura

Zoilamérica

fue él
buzón de un animal urbano,
la bestia se esconde
cuando termina de llover su incesto

fue ella
mirada perdida en las cenizas
sola, desde el armario tiñe las memorias
para que no las reconozcan
y para que nadie las usurpe
en la oscuridad

el camino a casa llega por un Tweed

su madre prende la televisión

las barricadas intensas
los tranques la paralizan
el terror la invade

entonces recuerda el viaje
empujado por la marea
y se aprieta las lágrimas

el día parte de ella
como el océano de sus memorias

La peso

un perro suelto desanda
en medio del mar
busca comida chatarra y huesos

su perra Cha. en calor
escarba a Niquinohomo

él, asustado pega saltos,
traga una pastilla,
se la engancha,

naufragan
cargan el ancla de oro
terminan en el fondo

Trinchera

la muralla China
        se mudó a Masaya,
se convirtió en carnicería humana
        un 19 de junio

drones y veneno invaden

barricadas cubren los ataques

la ONU medita el trance

el norte respalda las elecciones
        ¿sacarán al comandante?
        ¿se saca él solo?

los encapuchados tachan cuerpos
que rondan por León
        callan a otro monaguillo

en ciudad Sandino
las calles están como el agua del Sahara

Un minuto del *Mega-phone*

el crepúsculo
desahucia mensajes,
los acompaña *El Cristo de Palacaguina*

las amenazas virales
no dejan dormir

el terror se funde desde las barricadas
del baño a las fronteras

los ochentistas se repiten
y no es *Boogie Boogie Flu* de Bruce

¿quién defenderá esa rata si las uñas no crecen?

Refugio

la patria se te escapa
                    violan a tu mujer
                    secuestran a tu hijo
                    queman el vecino

los universitarios duermen
                    con un ojo semiabierto
                    sin quitarse las botas

a los chicos en la uni. les ofrecen
                    agua envenenada
                    y banano con alfileres
           vomitan sangre
           nadie los atiende

¿cómo desentierras a la vieja patria,
la de los ochentas cuando ceso la última guerra?

Cortejo

un cortejo sandinista asciende
           la señal es tenebrosa

Perseguida

respiro por la web
      balas y morteros

las trincheras alimentan los tranques
      de incertidumbre
      de escombros

¡despierta del ayer que te persigue!

Confusión

en el mercado Oriental
ya no degüellan iguanas por kilos

en las plazas
ya no se puede degustar un café

al fondo del Cosigüina seguro que esconden
desaparecidos

en el parque
tampoco se puede esperar
        que suenen las campanas de misa

las camionetas pasean tirando acero
        como si fuera confeti para un carnaval

Ataque

invasiones caudillistas
como espejo de Borges
hieren la imaginación
de un recuerdo lleno de congojas

falta un abrazo, un beso
       un te bendigo
             hijo
             hija

Patrón

a Nicaragua
le han robado de todos lados

en el diálogo de mayo
esbozan los derechos a la vida

en el mes de junio
la crisis desangra al país

se avecinan elecciones
                    sin selección

en el caos del disco rayado
la derrota es colosal

Espanto del barrio

William Walker te emulan

debajo de esta tierra frágil
hay que sembrar nuevas raíces

Nunca se pisarán las huellas
de la bestia brutal que nos aniquiló

V

Redes

Hashtag

#SOSNicaragua

#MasivaProtestaCongestionaLasCallesDeNica el pueblo tiembla y crece al lago.

En **#Managua** *El país* anuncia
#ÁrbolesDeLaVidaQuemados #PeriodistaGrabaSuMuerte La cámara se salva. Arropan evidencia. En el Chipote solo caben 9,000. Hoy hay 12,000 y algunos más. Prefieren estar presos antes que muertos.

En **#Granada** huele a humo y no es el vigorón del parque. Muchos corren hacia el lado opuesto; es la alcaldía. #PeriodistaCae deja un diente en la calzada. Otro pisa sangrando.

#Masaya es un baño de sangre. Derrumbaron al cristo.

En **#Estelí** el rapero #FrancoRenfánProfeta salió y sabía que moriría. 20 de abril.

En **#León** pegan fuego a los compueblanos. Ojalá no toquen la iglesia y los restos de #RubénDarío. En el parque central francotiradores disparan a los que se asoman. 25 de junio.

En **#Chinandega** le pegan fuego a los establecimientos.

en **#Jinotepe** #CarreteraPanamericanaBloqueada.
Un tranque fuerte ni las vacas pueden cruzar.

#Monimbó, #Dariamba, #Nagarote el rostro en el pañuelo manchado de dolor cae.

#CamionerosBloqueanFrontera Varado en el tranque, caribe Corn Island y cayos Miskitos. Un camión en el barranco. Vidrios por doquier, la cebada se devuelve a su origen. #incendio de la reserva en Indio Maíz

El viernes pasado dos avionetas tipo Hércules de la fuerza de Venezuela tocan tierra llenos de camiones blindados. Al amanecer el GPS indica #IslasCaimanés.

Están negociando el escape. Helicóptero listo para ir al aeropuerto. #ALaCárcelLosQueNoQuepan.

#EnPuntaGorda extranjeros se toman las tierras del campesino. Ellos no sienten ni la lluvia
ni a los estudiantes que son la reserva nacional.
#Despiden médicos por hacer su función de salvar vidas.
#Avecinan los sustitutos cubanos y venezolanos.
¡¡Oh!!

se llevaron la luz y seguro que el wifi también se …

Último minuto llegó lo que todos esperaban…

ahora
y
antes

    al lado del guardabarranco
    gritan con cazuelas y morteros

QUE SE RINDA TU MADRE
Leonel Rugama

ACERCA DE LA AUTORA

María Farazdel (Palitachi). República Dominicana. Poeta, conferencista y editora (AWA). Cuatro veces galardonada en el Latino Book Award, 2017, 2018 y 2019. (PD) Long Island University (CWP), (MA) Fordham University, (BA) Hunter College, City University of New York. En Bolivia recibió la condecoración de 'Embajadora universal de la cultura' avalada por la UNESCO, 2014. En Miami 'Embajadora honorífica' por S.I.P.E.A. 2017, Embajadora de Milibrohispano, Embajadora Cultural Internacional de la Academia Norteamericana de Literatura Moderna Internacional del Capítulo de Nueva York, 2019. Reconocimiento por difundir la literatura latinoamericana, Proclamada por la alcaldía de Nueva Jersey, 2017. Traducida al inglés, francés, italiano, serbio, árabe, portugués y turco. Miembro del PEN Club of America, de la Academy of American Poets y de la Academia Norteamericana de Literatura Moderna. Libros: *My Little Paradise, Entre voces y espacios, De cuerpos y ciudades, Las horas de aquel paisaje, Once puntos de luz, Infraganti, Bitácora del insomnio, Vagón de ida*, la pentalogía: *Voces de América Latina* (I-III) 2016. *Voces del vino* 2017 y *Voces del café 2018*. Figura en más de 33 antologías.

ÍNDICE

Colección
SOBREVIVO
Poesía social
(Homenaje a Claribel Alegría)

1
#@nicaragüita
María Palitachi

◆◆◆

Colección
LABIOS EN LLAMAS
Poesía emergente
(Homenaje a Lydia Dávila)

1
Fiesta equivocada
Lucía Carvalho

2
Entropías
Byron Ramírez Agüero

◆◆◆

Colección
MEMORIA DE LA FIEBRE
Poesía de género y epistemolgía
(Homenaje a Carilda Oliver Labra)

Colección
MUSEO SALVAJE
Poesía latinoamericana
(Homenaje a Olga Orozco)

Sin lengua y otras imposibilidades dramáticas
Ely Rosa Zamora

Colección
TRÁNSITO DE FUEGO
Poesía centroamericana
(Homenaje a Eunice Odio)

Colección
LOS PATIOS DEL TIGRE
Nuevas raíces – Nuevos maestros
(Homenaje a Miguel Ángel Bustos)

www.ingramcontent.com/pod-product-compliance
Lightning Source LLC
Chambersburg PA
CBHW022014090426

42741CB00007B/1023